LES

GUIFFREY

DANS LES HAUTES-ALPES

ET

 EN DAUPHINÉ

—————— ·—·—— ——————

PARIS

IMPRIMERIE DE J. CLAYE

RUE SAINT-BENOIT, 7

—

1868

AUX HABITANTS DES HAUTES-ALPES.

Mes chers Compatriotes,

C'est pour vous que cette courte notice a été faite; c'est à vous que je veux la dédier.

J'aurai prochainement à m'expliquer sur mes opinions politiques; j'y mettrai la plus grande franchise et je me trouverai, je l'espère, en complète communauté d'idées avec vous. Quant à présent, je tiens à ne laisser aucun doute dans vos esprits sur les origines de ma famille, sur les liens qui me rattachent au département des Hautes-Alpes.

Je suis Alpin, et bien Alpin. Désormais, les preuves en main, vous saurez quel cas vous devez faire des allégations de ceux qui voudront vous persuader le contraire, à l'aide d'insinuations malveillantes et calculées.

Je n'en veux pas davantage, pour avoir raison de certains bruits semés à tort et à travers, sans désignation précise de personne, — manière facile de se soustraire aux difficultés de la preuve.

A quel propos s'inquiéter de ceux qui n'ont pas le courage de regarder leur adversaire face à face, et qui, comme des conscrits allant pour la première fois au feu, jettent leur coup de fusil en détournant la tête ?

A ceux qui voudraient engager la lutte loyalement, à visage découvert, je suis prêt à répondre. Quant aux agressions anonymes et détournées, ma résolution est bien prise de ne pas même leur faire l'honneur de la plus légère attention.

Je tiens à profiter de cette occasion, mes chers Compatriotes, pour vous remercier du fond du cœur de l'accueil sympathique et bienveillant que j'ai rencontré dans tous les cantons, dans toutes les communes que j'ai visités.

Cet accueil porte avec lui le meilleur présage.

Je n'ai pas besoin de vous dire que mon dévouement ne vous

fera jamais défaut; s'il n'entre point dans mes habitudes de m'épuiser en stériles promesses impossibles d'avance à réaliser, vous savez par expérience ce que vous pouvez attendre de moi : les actes valent mieux que les paroles, et à cet égard votre impartialité m'a déjà rendu justice.

Je vous recommande seulement de vous tenir en garde contre ceux qui, soit impuissance, soit inaction, n'ayant rien pu par eux-mêmes, en sont réduits au dénigrement et s'efforcent d'amoindrir les autres pour tâcher de paraître moins petits.

A vous tous, mes chers compatriotes, ma cordiale affection.

Votre tout dévoué,

GEORGES GUIFFREY,

Vice-Président du Conseil général des Hautes-Alpes.

Paris, 15 novembre 1868.

LES GUIFFREY

DANS LES HAUTES-ALPES ET EN DAUPHINÉ.

I.

« *Point d'étranger!* » Ce cri d'alarme, qui retentissait naguère
dans les vallées des Alpes, pouvait faire croire qu'il s'agissait sans
doute de courir à la défense du territoire national, et de repousser
l'invasion du Prussien, de l'Anglais ou du Cosaque. Nullement, car
bientôt l'on a su partout la vérité, et partout l'on en rit encore.
Grâce à Dieu, ni la France ni ses habitants ne sont en péril, hor-
mis... Vous savez qui? alors il n'est pas besoin de vous le dire; et
si vous ne le savez pas, cherchez un peu, vous n'aurez point de
peine à trouver. Que le lecteur nous permette ici une courte paren-
thèse pour une simple réflexion. Pourquoi les députés, certains au
moins, ne se souviennent-ils qu'ils ont des électeurs qu'à la veille
de la réélection? Comme ils les choient alors, comme ils leur font
visite, comme ils répondent à leurs lettres, comme ils tâchent de
prouver qu'ils sont les meilleurs députés dans le meilleur des
mondes possibles! Quant à leurs concurrents, fi donc! il n'est pas
d'assez perfides inventions pour tâcher de prouver qu'il ne faut
même pas y songer. Tout cela est fort bien; mais si ces mêmes
députés remplissaient mieux leur mandat pendant le cours de la
session législative, ils n'auraient certes point tant de peine à
prendre au dernier moment, parce qu'ils n'auraient point insensi-
blement laissé venir à l'esprit de leurs électeurs l'idée de les rem-
placer par un autre, et ils ne seraient point exposés à s'entendre
dire : Il est trop tard! Mais en voilà assez sur cette digression,
il est temps de revenir au sujet de cette notice.

Après avoir bien constaté que l'étranger n'était point à nos
portes, qu'il y avait encore des jours de tranquillité pour la

France, chacun s'est demandé alors quel était cet *étranger* dont on faisait tant de bruit, chacun a regardé autour de lui, chacun s'est interrogé lui-même pour savoir si par hasard il ne serait point cet *étranger* imaginaire. M. Georges Guiffrey, tout comme les autres, s'est livré à cet examen de conscience. — A la vérité, s'est-il dit, depuis que je me connais je me suis toujours cru Français, et de plus, Parisien de naissance, je me tiens pour Alpin d'origine; mais enfin il faut voir les choses de près. Et, à la suite d'un examen scrupuleux, il est resté de plus en plus convaincu qu'il était non-seulement Français, mais encore *enfant des Alpes*. Voici du reste les excellentes raisons qui lui ont persuadé qu'il ne se trompait point, et il n'est pas fâché de les soumettre au contrôle de ses chers compatriotes, qu'il considère comme des juges de bon sens, de bonne foi et d'entière clairvoyance.

Et d'abord, par ce mot *étranger* que veut-on dire? Entend-on *étranger* à la France, ou bien seulement à cette famille plus restreinte et non moins chère, à ce cercle plus intime compris dans le département? Car enfin, il serait bon de s'expliquer et de ne point rester dans le vague, à moins que ce ne soit là encore une de ces habiletés louches et de mauvais aloi, qui consistent à ne rien dire pour prêter à toutes les interprétations. Pour en finir d'un coup, nous voulons bien examiner la question dans les deux sens.

Dans le premier, l'assertion ne mérite pas seulement qu'on s'y arrête. M. Guiffrey est né en France, de parents Français, ayant toujours habité la France; électeur depuis sa majorité, éligible depuis l'âge fixé par la constitution, deux fois il a été élu membre du Conseil général des Hautes-Alpes pour le canton de la Grave, et si (par impossible) ses compatriotes s'étaient deux fois en dix ans trompés sur son compte au point de se choisir un représentant *non Français*, il est absolument inadmissible que cette double erreur du suffrage universel eût deux fois échappé au vigilant contrôle de l'administration, et au contrôle plus vigilant encore de certains intéressés qui n'auraient pas manqué de faire grand tapage à cette occasion. Mais si M. Guiffrey est bien Français en France, il a de plus le droit de se dire Dauphinois et Alpin dans le département des Hautes-Alpes. La preuve en est facile à faire, car elle est fournie par des documents authentiques, irréfragables : actes notariés, pièces de greffe ou d'état civil, le tout légalisé, que l'on tient à la disposition des incrédules ou même des simples curieux, et dont les originaux reposent dans les dépôts d'archives paroissiales et communales.

II.

Nous résumons dans les lignes suivantes le contenu de ces pièces que nous avons sous les yeux et à l'aide desquelles il est facile d'établir d'une manière irrécusable la filiation de la famille GUIFFREY.

L'auteur commun de tous les GUIFFREY actuels vivait au lieu de Bardonnèche, dans la première partie du xvie siècle, vers 1525. Il laissa trois fils, tiges de trois branches, dont deux continuent d'être représentées de nos jours, l'une à Millaure, l'autre à Paris. Savoir :

1° GABRIEL,

2° Jean, dont la postérité s'éteignit vers la fin du xviie siècle,

3° Simon, dont les arrière-petits-fils habitent encore, à l'heure présente, le village de Millaure, non loin de Bardonnèche.

GABRIEL GUIFFREY, dit *le Vieux*, capitaine au régiment de Saluces, se maria deux fois et n'eut pas moins de quinze enfants, six garçons et neuf filles.

Quatre ans avant sa mort il avait vendu à un de ses neveux un immeuble, qui confrontait au « *maisonnement* PATERNEL *du vendeur.* » Cette maison existe encore; cher et humble berceau des ancêtres, les événements politiques l'ont laissée comme exilée en pays étranger, tandis que les descendants de la famille venaient, comme nous le verrons plus loin, revendiquer en France leur nationalité et payer à la patrie commune leur dette de fidélité et de dévouement.

FRANÇOIS GUIFFREY, fils du précédent, était absent du Dauphiné au moment où son père mourut. Quand rentra-t-il dans la province pour y recueillir sa part de la succession ouverte le 8 février 1605? On ne saurait le préciser d'une manière certaine. Sans doute, en ces temps de luttes incessantes entre la France et la Savoie, le fils du capitaine Guiffrey, au régiment de Saluces, avait été servir Henri IV contre l'ambitieux et trop remuant Charles-Emmanuel. Échappé aux périls de la guerre, il ne revint au pays que pour courir des dangers bien autrement redoutables encore. Les vallées dauphinoises furent ravagées en 1630 par un terrible fléau, la peste, qui décima la population. A Bardonnèche, sur 2,000 habitants, 309 seulement survécurent au ravage de l'épidémie.

François Guiffrey se trouva au nombre des survivants, ainsi que sa femme et un de ses enfants, Gabriel, qui était né en cette funeste année de 1630.

Le 15 juin 1661 Gabriel épousa *Catherine Morel*, dont il eut, après neuf années de mariage, Jean-Louis Guiffrey, baptisé à Bardonnèche le jour même de sa naissance, 16 avril 1670. Jean-Louis Guiffrey se maria dans ce même endroit le 21 mai 1697, à l'âge de vingt-sept ans, un an environ avant la mort de son père.

Le 1er juin de l'année suivante, il lui naissait un fils, Joseph Guiffrey, qui, à l'âge de trente-deux ans, épousait, le 15 février 1729, à Bardonnèche, Anne-Marie Guillaume, dont il eut, quatre ans après, un fils nommé Jean-Baptiste Guiffrey, et un autre fils, nommé Joseph.

Il mourut le 23 juillet 1758.

Tandis que son frère Joseph restait sous le toit de la famille, où il finit ses jours, Jean-Baptiste, évidemment pour demeurer Français comme tous ses aïeux, quitta la vallée de la Haute-Doire, qu'un traité politique venait de détacher de la France et d'unir au royaume sarde. S'étant fixé dans le Lyonnais, il y épousa, le 1er mai 1761, Gasparde Perrot de Champ-Meslay, et mourut le 10 germinal an XII dans le canton de Saint-Cyr au Mont-d'Or (aujourd'hui département du Rhône).

Il avait eu deux enfants, une fille et un fils, François Guiffrey, qui fut baptisé le 25 juillet 1762 à l'église Saint-Pierre de Lyon. François Guiffrey épousa, le 19 avril 1792, Victoire-Aimée, fille de Georges Caminet, député à la première Législature.

Son fils aîné, Jean-Baptiste Guiffrey, né à Saint-Didier (Rhône), le 19 novembre 1793, fut baptisé le 19 mai 1794, en Suisse, dans l'église de Saint-Germain, au lieu d'Assens, près de Lausanne, où ses parents s'étaient momentanément réfugiés pendant la tourmente révolutionnaire.

Licencié en droit de la Faculté de Paris, membre, en cette ville, de l'honorable et puissante corporation des notaires, Jean-Baptiste Guiffrey donna les directions les plus diverses à la grande activité de son esprit, la partageant toujours entre ses devoirs professionnels, les études littéraires et les nouvelles préoccupations de l'économie sociale, finances, industrie.

Mais ce n'était point seulement un homme d'une rare intelligence, c'était aussi un homme de bien dans toute l'acception du mot ; le malheureux, l'affligé ne vinrent jamais à lui sans éprouver les effets de son amour sincère du prochain, sans remporter des paroles de consolation. Dans son quartier il était connu comme le père des pauvres, et sa porte leur était toujours ouverte. Il avait un culte tout particulier pour les vieux souvenirs de famille ; c'est là, disait-il, que se trouve la richesse des enfants, parce que c'est là qu'ils doivent chercher les exemples de vertu et de dévouement qui font des hommes honnêtes et de bons citoyens. Dès que son fils aîné eut l'âge de raison, il tint à le conduire lui-même à Bardonnèche et dans les vallées du Briançonnais, et là, en face de la modeste cabane, berceau de ses ancêtres, il lui recommanda d'aimer ce pays de toute son âme, de tout son cœur, comme une seconde patrie. La fin de la vie de Jean-Baptiste Guiffrey fut encore consacrée à d'utiles et sérieux travaux. Au lieu de jouir d'un repos légitimement acquis par de longues années de travail, il voulut que sa vieillesse fût laborieuse et occupée. Jusqu'à sa mort, arrivée le 7 mai 1865, il conserva la direction du *Sous-Comptoir des entrepreneurs*, et l'Empereur, pour récompenser tant de services et une vie si honorablement remplie, lui accorda successivement le ruban et la rosette de la Légion d'honneur. Jean-Baptiste Guiffrey, d'accord avec le vénérable abbé Vachet, dont la mort si cruelle et si affreuse vient naguère de jeter le deuil dans la vallée du Briançonnais, avait fait reconstruire, à Bardonnèche, une des chapelles de l'église, pour resserrer encore plus intimement les liens qui unissent sa famille au pays des Alpes.

D'Adélaïde Trou, à laquelle il s'unit le 24 février 1827, il eut six enfants, dont l'aîné, GEORGES-MAURICE GUIFFREY, est le chef actuel de la famille. Né à Paris, mais fils de Dauphinois, des sympathies héréditaires, le culte des souvenirs et un sincère attachement pour ses compatriotes des Alpes l'ont ramené, depuis 1858, au pays de ses aïeux ; il sera parlé de lui plus longuement à la fin de cette notice.

III.

En présence de cette généalogie qui repose sur les documents les plus irrécusables empruntés aux archives de paroisses et de communes des Hautes-Alpes, est-il possible de garder le moindre doute : 1° sur la nationalité *française*; 2° sur l'origine *dauphinoise* et *alpine* des GUIFFREY?

— Mais, objectera-t-on peut-être sous l'empire d'un sentiment dont il serait facile de démêler le mobile intéressé, sans doute le berceau de cette famille est bien à Bardonnèche! mais Bardonnèche n'est pas français!

— Oui, sans doute, Bardonnèche, à cette heure, est italien. Mais depuis quand? et c'est ici l'histoire qui répond. Depuis 1713, depuis le traité d'Utrecht, par lequel les vallées de Pragelas, d'Oulx, de Césanne et de Bardonnèche furent cédées au Piémont en échange de la vallée de Barcelonnette, clef de la Provence. Jusqu'à cette époque Bardonnèche, terre de France, avait appartenu *au Dauphiné, diocèse d'Embrun, parlement et intendance de Grenoble, élection de Gap, recette de Briançon.* Donc les GUIFFREY, qui y vécurent du XVIᵉ au XVIIIᵉ siècle, étaient bien Français et Dauphinois; les notaires, qui recevaient leurs testaments, contrats de vente, etc., étaient notaires ROYAUX et DELPHINAUX ; lorsqu'en 1631, notamment, Marine *Guiffrey* se marie à Bardonnèche, elle se constitue sa dot « *en suitte de l'ancienne coutume observée*, dit l'acte, EN CE PAYS DE DAUPHINÉ; » pour eux, habitants de Bardonnèche, toute mesure relative à l'impôt, au cadastre, etc., émanait du BAILLIAGE, du BUREAU DE BRIANÇON. Bref, ils furent jusqu'en 1713 propriétaires et contribuables dans la province de Dauphiné, sujets du roi de France, soumis à son autorité et à sa justice, Français, en un mot, incontestablement Français, et de plus tenant à l'être, comme ce seul fait le prouverait au besoin : à peine Bardonnèche a-t-il passé à la Savoie, Jean-Baptiste, premier du nom, le bisaïeul de la génération présente, quitte la vallée de la Doire, et, se transportant au cœur du royaume, s'établit dans le Lyonnais, d'où sa descendance est venue plus tard à Paris.

Il suit de là que, Français et Dauphinois à Bardonnèche avant le traité d'Utrecht, et depuis lors n'ayant pas sans doute perdu leur nationalité lorsqu'ils se fixèrent au centre même, puis dans la capitale de la France, les GUIFFREY, *de père en fils, ont toujours été et sont encore Français, aussi Français que possible et Dauphinois du Briançonnais.*

IV.

Le nom de *Guiffrey*, essentiellement Dauphinois par son origine, est de ceux qui nécessairement éveillent dans cette province de vieux souvenirs, un écho sympathique. Commun à plusieurs familles du pays, il fut porté toujours avec honneur, quelquefois avec gloire, et à côté des *Guiffrey* notaires, magistrats, officiers de l'ordre civil ou capitaines de bourgeoisie, le Dauphiné a jadis connu, entre ses gentilshommes de marque et ses chevaliers :

Claude *Guiffrey*, mort en 1424 à la bataille de Verneuil, contre les Anglais ;

Pierre *Guiffrey*, un des champions du combat livré en 1502, en Italie, par onze Français contre pareil nombre d'Espagnols ;

François *Guiffrey*, tué d'un coup de canon dans une de nos guerres d'Italie au xve siècle ;

Et surtout son contemporain et cousin, le fameux Guigues *Guiffrey*, seigneur de Boutières, émule et compagnon de Bayard, inscrit à ce titre sur le monument que Grenoble érigea, en 1823, à la mémoire du héros *sans peur et sans reproche* et de ses intrépides frères d'armes.

A propos de ce Guigues, que les historiens (le désignant par le nom de son fief) appellent le *brave Boutières*, et qui fut non-seulement le grand homme de sa race, mais un des *illustres* de sa province et du royaume, on pourrait écrire un volume. On se contentera d'esquisser à grands traits sa glorieuse biographie.

Né vers 1493, dans le Graisivaudan, il fit ses premières armes en Italie sous les yeux de Bayard, son parent, et plus d'une fois *le chevalier sans peur et sans reproche*, qui se connaissait en loyauté chevaleresque, eut l'occasion d'applaudir aux vaillants débuts du jeune héros dauphinois. Dans la suite de sa carrière, Guigues Guiffrey réalisa complètement les espérances qu'il avait données.

En 1524, il combattait à Pavie aux côtés de François Ier, et il fut fait prisonnier avec le roi. En 1525, il servait dans la Provence menacée par les soldats de Charles-Quint. En 1528, quand le roi revint de Madrid, il fut nommé prévôt en Dauphiné, c'est-à-dire investi de la charge la plus importante après celles du gouverneur et du lieutenant général de la province. En 1542, il succéda à l'amiral d'Annebaut comme lieutenant général en Piémont. Rappelé en 1543, et, un moment disgracié à la suite de propos calomnieux inspirés par l'envie, il se retire au Touvet, son domaine voisin de Grenoble. Mais, là, il apprend que nos troupes vont engager une nouvelle lutte contre l'ennemi de l'autre côté des Alpes. Aussitôt il oublie son légitime ressentiment, il part, et, sous les ordres du comte d'Enghien, accepte, dans une armée que naguère il commandait en chef, le seul commandement de sa propre compagnie. « Action rare, dit un ancien auteur, et de peu d'exemples, mais digne d'être imitée. » Cette grandeur d'âme, sans doute, et sa conduite à la journée de Cérisoles (1544) ayant ouvert les yeux au roi-chevalier, Boutières rentre en grâce, et, l'année suivante, nous le voyons une dernière fois paraître dans notre armée de mer, près de l'amiral d'Annebaut chargé d'une expédition contre les Anglais.

On ne sera pas étonné que (ce vaillant homme n'ayant laissé qu'une fille mariée, en 1558, à Guy-Balthazar de Monteynard, seigneur de Marciéu) le gendre d'un tel beau-père ait sollicité l'honneur de joindre à son nom celui de *Guiffrey*.

Nous aurions à en dire encore bien long sur les alliances des Guiffrey avec les plus illustres maisons du Dauphiné : Laire, Beaumont, La Baume-Suze, Bompar, Salvaing, etc.; mais notre dernier mot dans ce retour rétrospectif vers le passé sera emprunté à un dicton populaire qui avait cours au temps jadis et où se trouvent résumées les qualités des diverses familles dont s'enorgueillissaient les vallées des Alpes. Ce vieil adage s'exprimait ainsi :

Prouesse de Terrail,
Charité d'Arces,
Mine de Theys,
Force de Commiers,
Sagesse de GUIFFREY.

V.

GEORGES-MAURICE GUIFFREY,

Avocat, chevalier de la Légion d'honneur, membre du Conseil général
des Hautes-Alpes, etc.

Né à Paris le 16 décembre 1827, il fut baptisé à l'église Notre-Dame-de-Bonne-Nouvelle. Après avoir compté tour à tour parmi les bons élèves de nos deux meilleurs collèges d'externes, Bourbon et Charlemagne, il fut admis, en 1849, à cette École normale supérieure, qui, depuis sa fondation en 1794, a fourni tant d'hommes illustres ou distingués à l'enseignement, à la science et à la politique.

Non content d'avoir pris place entre les futurs maîtres de l'Université, il voulut joindre aux études classiques la connaissance des lois, au diplôme de licencié ès lettres celui de licencié en droit, et fut successivement professeur dans les lycées de Paris et avocat à la Cour impériale.

Il trouva encore des loisirs pour traduire en notre langue et populariser chez nous ces chefs-d'œuvre de la littérature anglaise jusqu'alors à peu près inconnus de ce côté de la Manche : *la Foire aux vanités* et le charmant *Livre des Snobs*, du spirituel romancier et moraliste William Thackeray.

Vers la même époque il concourut aussi à la rédaction de divers journaux parisiens et le *Moniteur universel* notamment, entre autres articles remarqués, se souvient de ceux qu'il publia sur le *Palais de Justice*.

Dès que fut soulevée en France la grande question de la *propriété littéraire*, *Georges Guiffrey* s'empara de ce sujet intéressant et neuf.

Il fonda et dirigea pendant deux années un journal uniquement consacré à la défense théorique et pratique de la plus juste des causes, celle des auteurs, des travailleurs de la pensée, au profit desquels le simple bon sens revendiquait le droit incontestable et pourtant méconnu de posséder leurs œuvres, le fruit, le bénéfice de leur travail, au même titre que tout autre citoyen possède son champ, par exemple, ou sa maison; c'est-à-dire de pouvoir d'abord jouir de leur bien tant qu'ils vivent et puis, quand ils meurent, en transmettre à leurs héritiers légitimes la propriété entière, inviolable, perpétuelle.

Le zèle qu'il déploya dans cette longue et utile campagne lui concilia tout ensemble l'estime de ses confrères et la bienveillante attention du Pouvoir. C'est pourquoi il fut, en 1858, délégué par le Cercle de la Librairie parisienne au Congrès international de Bruxelles, où il remplit les fonctions de secrétaire. Trois ans plus tard, le ministre d'État, formant à Paris la Commission dite de la *Propriété littéraire*, s'empressa d'y appeler, en qualité de secrétaire, l'écrivain que des publications spéciales désignaient naturellement à son choix et, en 1862, pour prix des mêmes travaux, lui accorda cette distinction précieuse et si justement ambitionnée, le ruban de la Légion d'honneur.

Vers cette époque, le 12 décembre 1861, M. *Georges Guiffrey* épousait Mlle *Alice Prévost*, fille d'un des plus riches industriels de Paris. L'un des témoins de ce mariage était S. Exc. M. Baroche, ministre de la justice et des cultes, dont M. *Guiffrey* est par sa mère le cousin issu de germain, autrement dit le neveu à la mode de Bretagne. Voilà, sans y rien ajouter, sans en rien diminuer, la vérité tout entière sur cette parenté, dont la famille est justement fière et que seule la malveillance la plus perfide et la plus maladroite pourrait songer à contester.

Depuis six ou sept ans, ayant conçu le dessein d'une grande collection (*Bibliothèque historique et littéraire du XVIe siècle*), M. *Georges Guiffrey* a déjà fait paraître, en 1860, la *Chronique du Roy François Ier du nom*; la même année, un *Poëme inédit de Jean Marot*; en 1866, les *Lettres inédites de Diane de Poitiers*; et en 1868, le *Procès criminel de Jean de Poitiers, seigneur de Saint-Vallier*.

Ces quatre volumes sont remplis d'aperçus nouveaux sur les faits de cette époque et présentent un intérêt tout particulier qui n'échappera point aux habitants du Dauphiné. En effet, M. *Guiffrey*, dont l'esprit et le cœur se tournent toujours et reviennent sans cesse vers le pays de ses prédilections et le berceau de sa famille, a été surtout inspiré par ce genre de patriotisme dans le choix des sujets qu'il traite à nouveau et des souvenirs qu'il

exhume. Ces sujets, ces souvenirs l'intéressent, parce qu'ils con-
cernent la province de Dauphiné et sollicitent la curiosité de ses
habitants. N'est-il pas Dauphinois ce Jean de Poitiers, seigneur de
Saint-Vallier dans l'Isère, si célèbre par ses infortunes et assuré-
ment moins coupable que malheureux? Tirer de la poussière des
bibliothèques de vieilles *chroniques* relatives à ce roi-chevalier,
près duquel, sur les champs de bataille, en deçà comme au delà
des Alpes, s'illustraient les valeureux fils du Dauphiné, Bayard,
Beaumont, Clermont, Salvaing, Sassenage, Guiffrey et tant d'autres,
n'est-ce pas s'occuper encore de la patrie dauphinoise et de ses
glorieuses traditions?

VI.

Il faut maintenant conclure, et la conclusion est facile à tirer
de tout ce qui précède.

Le mot d'*étranger* tombe comme un trait sans force devant
la généalogie que nous venons de faire connaître, devant les documents aussi nombreux que précis qui la justifient. Les GUIFFREY,
Français aujourd'hui comme de tout temps, sont de plus d'origine
dauphinoise, enfants des Alpes depuis trois siècles, et l'on ne
pourrait, sans la plus insigne mauvaise foi, élever un doute contre
l'irrécusable témoignage de documents notariés et authentiques,
des actes de l'état civil [1].

Mais ce ne serait point assez pour le représentant actuel de la
famille GUIFFREY d'avoir démontré par pièces et par titres qu'il est
véritablement *Alpin*, que sa descendance le rattache étroitement à
un pays auquel il a voué toute son affection, tout son dévouement,
si ce dévouement et cette affection restaient stériles, s'il n'avait
essayé dans la mesure de ses forces de faire quelque chose pour son
pays d'origine, pour ce pays que chacun aime par-dessus tout,
parce que ce pays est le berceau des ancêtres. Sur ce terrain
encore, M. *Georges Guiffrey* est en mesure d'engager le débat,
de soutenir la comparaison avec preuves en main contre ceux qui
ont toujours de belles promesses pour l'avenir, mais qui pour excu-

---

1. Ces pièces, nous le répétons, sont à la disposition de tous ceux qui désireraient
en prendre connaissance.

ser le vide du passé n'ont d'autres ressources que de s'en prendre à l'infidélité de leurs *secrétaires*, à l'incurie desquels ils osent livrer, de leur propre aveu, le secret toujours inviolable, et sacré des lettres de leurs commettants.

PARIS. — J. CLAYE, IMPRIMEUR, 7, RUE SAINT-BENOIT. — [1436]

www.ingramcontent.com/pod-product-compliance
Lightning Source LLC
Chambersburg PA
CBHW061815040426

42447CB00011B/2657